〈作者的話〉

一套讓全球千萬個心靈深受撼動的訊息

尼爾・唐納・沃許

十多年前，《與神對話》第一部首度在美國的許多書店亮相，在短短的時間內上萬本的書就銷售一空，這股旋風震憾了出版界，同時也榮登《紐約時報》暢銷書排行榜持續了兩年半的時間。之後，陸續出版的《與神對話》第二、三部，也都在暢銷排行榜之列。

至今《與神對話》三部曲已被譯成三十四種語文，世界各地的書店幾乎都能看見這套書的蹤影，在靈性類作品中，它蔚然成了最廣為讀者閱讀的書籍。在許多國家和城市裡，甚至很難找到有人沒聽過這套書的。

自從《與神對話》三部曲出版之後，有許多讀者告訴我，這套書已經在他們的生命中發揮了正面的影響——未來的願景展現了曙光、態度已有所改變、罪惡感不再、人際關係大大地增強、性生活不再羞澀、婚姻關係維繫良好、重拾了自尊、生理心理與精神的健康獲得改善，同時也恢復了對神的信心。

我無法告訴你，在成千上萬的函件中，究竟有多少件提出他們的評論，僅能略述

一、二如下：「二十年來的第一次，我的心靈再次為神開啟。」「我的先生說：『天啊！現在終於有一個我可以相信的神。』」這些函件中最讓人回味的，是一封來自一位美國奧勒岡州的女性讀者十年前給我的，她的信中有一段話我永遠無法忘懷：「謝謝你為我引薦了一位我可以深愛的神。」

如果你過去曾經讀過《與神對話》一部曲或全部內容，如今再次回味這些令你心靈深受感動的奇妙訊息，可能意味著它現在仍然能夠感動你。現在是你重新回到與神情誼連繫，也是重新再拾回那神奇美妙關係的最佳時刻。

如果你是第一次接觸到這些內容，而你認為這純粹只是意外遇上的巧合時，不妨再多想想。為何這套書會在這個時間點讓你遇上？為何會以這樣的形式讓你遇上？請回應你心靈的搜尋，你心中禱告的正主，還有你靈魂的渴望。

相信它。

天下沒有偶然這回事。

絕對沒有。

〈各界推薦〉

知名藝人**劉德華**接受香港東方網採訪時曾提到：

《與神對話》 這本書不是說宗教，只是說生命，人生路上的一切及整個世界的變化。神說了很多我從來不曾想過的問題，也回答了很多我一直想不通的東西。如果你初看此書，看幾頁可能不太懂，別把它放下來，有空的時候慢慢看，我已全部看完，不過一年後再看，可能又有不一樣的領悟。（二〇〇六年十月一日東方網報導）

前佛光大學校長**龔鵬程**：

《與神對話》談的並不是宗教、心靈、來世、解脫等問題，更涉及生活方式、環境、政治、戰爭、平等……等。這些論題當然論者甚多，但本書藉用與神對話的方式，提供了另一個超越性的觀點，而且人與神之觀念激盪、揉合，形成了奇特的魅力與感染力，引人深思。

名作家．精神科醫師**王浩威**：

書中涉及的宗教問題恐怕是難究其真偽。但是，如果以小說閱讀的心情來思考作者提出的觀點，包括對世界的未來去向和個人的當下處境，都是讓人感覺值得細細閱讀的一本智慧書。

〈推薦文〉

一生在等待的書

已故文學作家　孟東籬

《與神對話》三部曲中所講述的都是人生至為重要的事。依據原著者所說，這套書的來源是創始宇宙的神，也就是一般所謂的上帝或天主。

這是我讀過的書中對我最重要的一部。或許可說，我的一生都在等待這樣的書，都在想要從這樣的來源得知這樣的訊息。

這書的資訊來源，聲稱是創造我們宇宙的神。我不知道是真是假，但他發言的方式，讓我欣然願意相信他是真的，我覺得他充滿了關切，充滿了對人們循循善誘，充滿了智慧與幽默，充滿了光明與肯定。

我覺得，如果宇宙的神是這樣的，我願意跟隨他，常伴左右。

但是，我並沒有失去或放棄我的思辨能力。我仍是嚴嚴的思辨，牢牢的把關。如果有神，則人的思辨能力是神賦予人的重大禮物，為了尊敬神，你都必須好好展用它，不然就枉費了神的美意。

而如果沒有神，則人的思辨能力更是我們辨別是非的重大依據。

人類從來就不應拋棄他的思考能力。

當然，這不代表頑固與執著。人的心，也應隨時向新的訊息開放；只是，他必須懂得檢驗。

這三部曲，第一部述說個人生活中至為重要的事，第二部述說整個地球和全人類至為重要的事，第三部則述說全宇宙至為重要的事。

我認為，這是一部必須一讀再讀，詳加思考與領會的書。

讀這部書，如跟一個和煦的謙謙君子談論宇宙人生，而他懂得很多，他可以無限寬和與退讓，他可以風趣幽默而又無所不談，暢行無阻而又時有感慨，他的溫煦真的讓你覺得他是一個光體；而當你想到跟你促膝而談的這個謙謙君子，竟然（可能）是創造宇宙的神時，心裡會感到高興與安慰。

當然，他談的很多事情是我不能了解或不能接受的，有些時候也頗讓我忿忿不平。但他又讓我覺得我可以有不解的從容，可以有不平的權利。

因為他說，我就是神。我跟他是同質的，我是他的一部分，我是他的分身，或者我是他的化身。

這個，我相信。因為這是唯一合理的推論。宇宙中的一切都是神的一部分，都是他的分身與化身。宇宙的全體就是神。

然而，我跟他的爭執也就在這裡：如果宇宙中的一切都是神的分身與化身，那為什麼神的分身與化身要互相廝殺與吞食呢？為什麼要有這麼多悲劇呢？為什麼非洲的小孩要餓死呢？為什麼母親的乳房要淪為這般乾癟呢？人類的本質既然是神，為什麼經過億億萬萬年的演化或輪迴，還這般愚蠢與殘暴呢？神為體會他自己為無限光明之身，非得要生靈塗炭不可嗎？

書中的神一再試圖為此解釋，但我仍是不能接受，我心中的不平不能為此釋然。

其實就我個人的際遇而言，我是經年充滿感激的；為天地與萬物的美與奧秘，我也經常充滿讚嘆與感激。我不能釋懷的是各種有生之物所遭遇的摧殘與悲劇。這些事情令人傷痛。如果宇宙間並無有知有情的神，則一切悲劇只是運行與演化所造成；但如果宇宙中有一位有知有情的神，則生命所遭遇的悲劇便變得不但不可解，不可接受，並且不可原諒。

領會宇宙的生命，是我這一生最重要的課題，但我還沒有看過一本書像這三部曲一樣，明白表示出自創世的神，並用這麼明白而現代化的觀念與語言談論宇宙與人生的要事——而大部分又說得那麼好。

至於那些我們所不解和不能接受的部分，我也願意用心去思辨。最重要的是，這個「神」，我願意聆聽他，願意與之對話或爭吵。這在我，是重大的一步。

〈推薦文〉這是我一輩子等待的書

自然寫作家　徐仁修

「生命是什麼？」

「生命來自何處？」

「生命有什麼意義？」

「生活為何是這樣子？」

這人生的基本問題，總是讓有點思想的人沉思不已。

我也一樣，半輩子尋覓，在經書中，在大師的話裡，在旅行路上，在探險途中，在攝影、在錄音時……但我沒有找到能說服自己的答案。後來我在大自然深處，證見了創造生命萬物的神奇力量，可是我仍然不解：祂，為何要創造生命，創造人類，創造靈魂？

《聖經》說：「上帝創造萬物。」這我相信，但沒有說上帝為什麼要創造萬物？

佛家說：「宇宙萬物因緣際合而產生。」這太含糊，等於沒說。

不過，以上種種太初以來無解的問題，我都在《與神對話》中找到了答案，而且是能深深說服我的答案。所以，這是一本我一輩子等待的書。

這也是人類世世代代所渴望見到又沒見到的一本書，竟能在這個時候出現，我輩何其幸運，能等到了這本書。

我第一次閱讀《與神對話》，不過才讀到五十幾頁，就讓我震驚，隨著頁數的增加，我開始亢奮，最後竟至狂喜，以至數日都不思睡眠。只因為知道創造我們的神是如此慈悲、幽默、偉大，讓我在剎那間身心安頓，知所行止，了然生死。我開始學習「欣賞一切，不加評斷」，並試著體驗「萬物一體，與神同在」的感覺，也漸漸可以「一無所需，享受一切」。

半年來，一、二冊我已深讀了六次，目前正在做第七次的閱讀，而每一次都有新的體悟，也仍那樣亢奮狂喜。宇宙、人生這樣複雜深奧的大問題，只有創造它的神，才能用這樣深入淺出又明確的邏輯與比喻來答覆。

幸好這本書是在我年過半百時出現，若是在我年輕時，我閱歷粗淺、智慧不足，不會有興趣去翻或了解這書。若在年老時，成見已深、習性難改，恐只會低空掠過此書。而它就出現在此時此刻，對我而言，正是時候。我謝天謝地，謝謝那些讓這書出現的人，他們都是神的使者，也謝謝紅雲教官，他也是神的使者，把書送到我手中。

我也要成為使者，把書介紹到眾人裡去。

能為《與神對話》寫幾個字，將是我做為作家一生中所寫的篇章中，最有意義，也是最重要的一篇。我謝謝給我這機會的人，也謝謝神的安排。我知道「一切的事物，沒有偶然，沒有意外，一切都是安排與選擇」。

〈推薦文〉
一本不可多得的書

新時代教母、《與神對話》譯者　王季慶

悟道就是了解無處可去，無事可做，並且除了你現在是的那個人之外，你也不必做任何其他人。

前年，聽說美國有本新書上市，並且立即竄紅。

當年，趁出國之便，找到這本書《與神對話》，一讀之下，果然是一本不可多得的書，雖然，我並沒有拍案叫絕，因為承受過「賽斯震撼」之後，我選書的眼光更高，也更不容易輕易推崇某家理論。

且說，就這本書所言是來自「神」的話語，我便不願、也無法下斷語說是或非。因為，就如書中也說過，我們每個人皆為神所造，皆為神的一部分，並且也是「共同創造者」，神本身應無法人格化。

天上地下，除了神沒有別的！

通靈的現象，古今中外，所在多有，我所看重的，是其內容有沒有與我內在之知相呼應。

這本書許多地方以世俗眼光來看，或為離經叛道，可是我感受得到其道理的真實，以及「神」內心對人和世間一切的了解、悲憫和愛。

作者尼爾是一位充滿挫折感的中年求道者，向神發出了質疑和呼救，而神以「自動書寫」的方式，和他形成了一個對話。於是，產生了一個「三部曲」。

第一部包括基本真理，主要的理解，並且談論基本的個人事務和主題。

第二部包括影響更深遠的真理，更大的理解，並談論全球的事務和主題。

第三部包括人類目前所能理解的最大的真理，並談論宇宙性的事務和主題——全宇宙的生靈所處理的事務。

作者尼爾扮演人類代言人的角色，對許多我們每個人一生中多少會思考和遭遇的問題，向神反覆詰問，而獲得一些出人意表的答覆，有些令人激賞，有些令人莞爾，有些或許令人繼續思索、探尋。

有些重大議題，「神」與「賽斯」有雷同的說法，比如：絕對的神世界VS.二元的物質世界，時間的同時性，過去、現在、未來同時存在；靈魂與神同質，一樣美善；沒有真正的惡和具體的魔；沒有地獄和永罰……

我願先摘其中一些振聾發聵的片段，讓讀者先睹為快。

如果你們在像停止殺害彼此基本上這麼簡單的一件事上，都無法全體同意的話，你們又如何能搖著拳頭，呼喚老天來幫你們整理你們的人生？

當整個社會以某種方式去思維，往往會發生非常令人驚愕的事——一個活在恐懼中的社會，往往反而製造出它最怕的具體東西。

愛並非情緒（恨、憤怒、情欲、嫉妒、貪婪）的不在，卻是所有感受的總和。（論棄絕欲望）你所抵抗的事物會持續存在，你所靜觀的事物會消失。

你認為你是誰和是什麼，以及你選擇要做誰和做什麼，這決定了所有的選擇——你在人生中所做過，以及將會做的每一個選擇。

一旦你上升到神的意識層面，你將了解自己不必為任何別的人負責。每個靈魂在每一瞬間，都必須選擇其本身的命運。

關係的目的是，決定你喜歡看到自己的哪個部分「顯出來」，而非你可以捕獲且保留別人的哪個部分。

對於我不了解的東西，我如何能有同情呢？我如何能寬恕別人的感受，如果我自己從來沒有那種經驗？

療癒是接受一切，然後選擇最好的一個過程。

你們對性的態度，構成了你們人生態度的一個具體而微的例子。人生應該是一種喜悅、一種歡慶，而你們的人生卻已變成了恐懼、焦慮、不滿足、嫉妒、氣憤和悲劇的經驗。同樣的，對性來說也是如此。

多年來，我自己有一個覺悟，一個對人和「一切萬有」最終極的信任，用一句話來說，就是「成佛（神）是不可避免的」。

《與神對話》中也表現了同樣的意思：

一位真正的神，並非擁有最多佣僕的那一位，卻是為最多人服務的。因而使得所有其他人都成為神的那一位。

因為這是神的目標，也是神的榮耀：即，他不再有臣民，並且所有的人都認識到，神並非那不可及的，卻是那不可避免的。

我希望你能了解，你快樂的命運是不可避免的，你無法不「得救」。除了不明白這點之外，並沒有別的地獄。

你要知道……事情終究是沒問題的……在這場遊戲裡，你無法輸。你無法做錯，錯誤不屬於計畫的一部分。你無法不抵達你要去的地方，你無法錯過你的目的地。如果神是你的標靶，你可走運了，因為神是如此之大，你不會錯過他的。

在本書最末尾，神又給了令我們安心的、極美的保證：

不論何時你有問題，只需知道我已經答覆你了，然後對你的世界張開雙眼。我的回答可以是在一篇已經刊出的文章裡……在昨天才寫的歌裡，在你所愛的人正要說出的話語裡……

我不會離開你，我無法離開你，因為你是我的創造和我的產品，我的女兒和我的兒子，我的目的和我的……自己。

所以，不論何時何地，當你離開了平安（那是我）時，呼叫我。

我會在，
連同真理，
和光，
和愛。

〈推薦文〉

一套足以傳世的大書

《與神對話》譯者　孟祥森

我覺得《與神對話》三部曲確實是「天書」。當然，它是經過人這「過濾器」過濾出來的，因此，總是會受到局限或有所偏失。因此，有些內容我仍會存疑或者不接受。

但我接受這整套書；我接受它的心意，接受它許多寶貴的啟示與教誨。

我承認它是「天書」。

我們究竟是誰？你是誰？我是誰？我們究竟是「神」，還是「原始人」？

自有文化以來，哲學與宗教都在試圖解釋這些問題，但似乎沒有任何一組解釋足以釋天下人之疑。

《與神對話》三部曲是另一組解釋，最新出爐的一組解釋。不但意圖解釋，並且意圖指點人類之路。以我個人來看，這是一套「大書」，不亞於人類有史以來任何意圖解釋人天之作，唯不過也像任何著作一樣，無法逃離內涵的矛盾。

或許，凡是「解釋」就永遠是矛盾的，因為解釋永遠是語言與觀念，而非「事實」的真相。

雖然如此，我覺得書中現身的「神」對人天的解釋仍舊頗堪玩味，而對人生的指點則珠光燦爛。

這個神，是一個性開放的神。
是一個詼諧幽默的神。
是一個通達的神。
是一個寬大到連「寬大」一詞都屬多餘的神。
是一個喜歡玩的神。
是一個循循善誘的神。
是一個正面的、肯定的神……

我認為書中的神，是我最好的老師與朋友，我也非常喜歡紀錄者尼爾，他是個活潑、可愛、事事關懷而熱烈渴望真理的人。

我有幸成為此書的譯者之一，當我翻譯此書時，照進室內的陽光常常讓我覺得是「神光」。

感謝尼爾，有這樣的人，出這樣的書。

當然，更要感謝書中呈現的這個神，這個神，我雖還不甚懂得，但非常喜歡，我已經四十幾年沒有感謝神了，現在我心中的他，是充滿了光與溫暖的好朋友與老師。

就憑這些，我認為《與神對話》就足以傳世，因為它是神學的大革命，一掃西方專橫、暴烈、嫉妒、報復的神之陰霾，而給人雨過天晴的明麗景象；如果宇宙有神，神本當如是。

書中許多部分講得極好，如性，如收支的透明，如教育的整個藍圖，如全球一國。這需要讀者自己去看，去領會，甚至去實行。

二十一世紀確定是地球與人類的關鍵期，人類必須面對抉擇，也必然面對抉擇。在這段時期，會有許多訊息出來，改變舊有的人生觀、宇宙觀和人類的生活態度。老實講，生死存亡的關頭，由不得我們渾噩。

那麼，就讓我們一起啟步吧！

〈推薦文〉

這才是我心目中的神

身心靈作家　張德芬

當年我讀到《與神對話》這本套書時，對我產生了極大的影響。

我從小是個基督徒，但是後來受不了我母親教會的那種排他性，我諷刺他們「擁有神的獨家專利權，別人的神都是假的，不對的」，而且他們的神是會嫉妒的、會批判的、會懲罰的神，我媽一直說我脫離教會的話，就會被丟到火湖裡面哀哭切齒一千年。後來我甘冒大不諱的說：「這種神我不要也罷，我就不信祂，來懲罰我吧。」於是我和「神」決裂了，覺得佛教的神像慈眉善目，感覺好多了。

後來看了這套書，我不禁拍案叫絕，說：「這才是我心目中的神。」於是我和神的關係就修復了。我覺得很安心，也很開心的知道，原來祂真正的面目是什麼，我心甘情願地對祂臣服。

這套書基本上真的是作者和「神」對話的紀錄，你可以說是作者自己胡亂編撰的（如果真是如此，那他就太厲害了），但是我的觀點是，這套書的訊息實在太棒了，何必管它是如何來的，通靈也好，附體伏筆也好，胡謅也好，只要你覺得這些訊息對你來說有收穫，就好好地去享受它。

作者曾經是公園裡拾荒的流浪漢，現在是美國家喻戶曉的知名靈性導師，財富的累積就更不用說了。在坊間賣DVD的店應該可以找到根據他的故事拍成的同名電影「與神對話」，很傳奇的故事。

最近我看了一部電影《精神導師之夢》（*The Answer Man*），主角的情況和作者有一點相同，我相信是有一點影射《與神對話》作者。電影說的是一個寫了很多【神與我】系列的作者，受到眾多讀者粉絲的崇拜，大家也把他當成神一樣的看待。可是私底下的他，卻是一位脾氣暴躁、個性偏執，而且有很多怪癖的孤僻中年人，一點也沒有神的使者的特質。最後他在片中向大家坦誠，那些書是他憑感覺寫下來的，不是真的和神對話之後寫的。

看了這部影片讓我也很感慨，很多讀者或是學生，的確對靈性作者和老師有很多不切實際的幻想。在實際生活中，有的作者的確無法活出自己書中描繪的那種美好情境

（包括我在內），而老師們也未必能身體力行他們所教導的內容。但是，當作者在寫靈性作品，而靈性老師在上課的時候，我相信他們是站在一個很神聖的位子，受到了特別的祝福，所以帶下來了很多美好的訊息。所以我常常說，認法不認人，仔細檢視每一位靈性老師，甚至所謂的大師，你都會發現人格的缺陷。

我曾經到香港去參加《與神對話》作者舉辦的工作坊，看到了他本人。在名牌衣鞋的包裹下，當有人挑戰他的財富狀況時，他的雙眼有著一絲絲的羞愧。他的機構雖然以商業化聞名，但是不可諱言的是，他的確幫助了很多人走上這條靈性的道路。我始終也很感激他寫了這套書，讓我和神重修舊好，有了比較堅定的信念，對這個世界也比較有安全感。

〈推薦文〉值得終生一再閱讀的好書

知名廣告創意人、作家　李欣頻

無論你是否有宗教信仰、或是你的宗教信仰為何，都不影響到你讀《與神對話》這套書所獲得的高視野生命啟示！

《與神對話》讓我從向外尋訪生命的解答，轉而專心地向內探索自己——原來浩瀚的宇宙就在「我」之中。

當我不再躲避黑暗，大膽地走進痛中面對自己的心，徹底地去經驗憤怒、暴力、嫉妒、恐懼……當黑暗的能量用盡，一如燒光自己的垃圾後，衝突停止了，新的光明能量升起，就如同書中所明示的：「愛並非沒有負面情緒，而是所有感受的總和……你所抵抗的事物會持續存在，你所靜觀的卻會消失。每件事和每次冒險，都是你自己招來你身邊的……在這場遊戲裡，你無法輸……就像在你最黑暗的時候，神從未捨棄你，反而是永遠站在你身旁，準備提醒你真正是誰，正準備著叫你回家……痛苦來自你對一件事的批判，痛苦是錯誤思想的結果……不要活在恐懼與愧疚裡，去活在一個更大的視野……你不會再崇拜人類的愛、成功、金錢、權力，或是任何象徵，你會把這些擱在一邊，就像小孩將玩具擱在一邊一樣，因為你已經長大到不再需要它們了……你也不會為了不重要的事呼求……別去做你有義務去做的事，去做你有機會去做的事……去做你所真正愛做的，別的都不要做，你的時間這麼少，你怎麼還想浪費任何一分鐘，做某些你不喜歡做的事來謀生呢？那種生活是垂死……你們是最深的智慧和最高的真理，最深的安靜與最大的愛……悟道就是，了解無處可去，無事可做，並且除了你現在是的那個人之外，你也不必做任何人，你在一條無處可去的旅途上……沒有期待地過你的生活，沒有要求明確結果的需要，那才是自由。」

這本書還有這一段話影響我很深：「你指責的將指責你，你批判的，有一天，你也會變成那樣……要祝福一切，因為一切都是透過活生生的生命去創造的，而那就是最高的創造……神聖的宇宙律是：容許每個靈魂走自己的路」「……對你的世界張開雙眼，神的回答可以是在一篇已經刊出的文章裡，在昨天才寫的歌裡，在你所愛的人正要說出的話語裡……神以許多方式來到你的生命之中……神的答案往往比你能寫的還要快……」

至今我仍天天看的一段話則是：「思考一下你想成為什麼樣的人？你想做什麼？

想擁有什麼？不要去思考其他的可能性，釋放所有的懷疑，拒斥所有的恐懼……一種全然的確定，一種將某事當作是真實般完全接受……是一種強烈而不可置信的感恩狀態，它是一種事先的感激，而那也許是最大創造的關鍵：在創造之前便對它感到感激……所有的大師都明白：那件事已經做到了……享受並慶祝所有你已創造的一切……思考一個新的想法，說一句新的話，做一件新的事，聲勢驚人的這樣做，而全世界的人都會追隨你。」

總之，這是一本啟動源源不絕智慧與靈感、值得終生一再閱讀的好書！

（本文摘自《李欣頻的私房50》）

〈推薦文〉

一套驚世的生命智慧傑作

光中心主持人、與神對話中文讀書會多年分享者　周介偉

這真是一套太神奇的意識之書了！

作者尼爾與我們共有神性的精采對話，在輕鬆友善且詼諧中充滿了無窮之愛與智慧。

十多年前，在美國初閱此書英文版至今的閱讀過程中，這書讓我：

掩面淚流，因為被神性溫暖之愛所感動；

重燃生命熱情，因為突破了生命觀念的綑綁；

智慧開悟，因為了解自己和人類的本來面目；

愛心滿懷，因為釋放和療癒了人生以為的傷痛；

無所畏懼而力量充滿，因為看透人生且了悟生死。

後來尼爾與全球兩百餘國的愛好讀者，陸續依此書理念發起的「靈魂民權運動」與

基金會等組織，在這十數年間提升了無數人類的心靈意識，燃起了共同創造美好新世界的希望。事實上，我現在主持的「光中心」成立的前身，即是「與神對話中文讀書會」團體，一群受到此書啟發與感動的朋友們所協助促成建立，而中心的理念「提升人類意識．美好心靈生活」則是完全依此書理念而成。

此一系列著作尚有：《與神為友》《與神合一》《明日之神》《生命的空白頁》《與神回家》《小靈魂與太陽》《荷光者》（以上皆由方智出版）、《新啟示錄》（遠流出版），本本都是驚世之生命智慧傑作，建議您慢慢地將其一一閱讀。這個過程將促成您生命視野的根本蛻變與意識的昇華（相信我，這是我們多數讀書會朋友的共同體驗）。

最後，我想分享這套重燃我生命熱情的智慧之書，所帶給我的終身座右銘：

＊生命是趟靈魂最壯麗的體驗和創造之旅。

＊愛與智慧是過所有人生關卡最偉大的力量與終極的答案。

＊任何在書中理解的知識智慧，要落實在真實人生中每日每件的「生活狀況題」中好好地運用人生創造三工具：思想、言語、行動去活出來，才是真正的體驗完成。

生命隨時可以再創造、智慧永遠學不完、愛永無止境！

〈推薦文〉

開始與神對話後，我變得快樂，疾病也自然得到療癒

宇宙意識中心創始人　ＪＣ

我是ＪＣ，和大家一樣來到地球。

我經歷過人生的痛苦、失望、沒自信、批判自己、批判他人、沒有感覺到被愛，也深受工作完美主義的苦。我曾幾度渴望離開人世好解脫一切痛苦的深淵，內心的煎熬始終無法獲得平靜。漫長的黑夜曾經是我最可怕的時光，因為黑夜裡一切的寂靜，讓我更無法接受自己的軟弱、無能和無助。

我自小學業不受肯定，沒有自信的恐懼跟隨著我大半生。雖然事業已小有成果，但內心認為自己沒有能力的潛意識仍督促著我，「我是不行的，我一定要努力才不會輸給別人」。我日夜的工作，深怕做不好，直到我身心俱疲，無法再努力為止。這種在恐懼下的工作模式帶給了我一些自信、一些財富、一些社會認可，但我不知道我為什麼如此沒有自信，我也不知道還有什麼想法可改變我原來的想法，讓我在工作中有自信、快樂

的工作。

當我身心俱疲、到達谷底時，我積極的追求外在一切可以幫助自己恢復健康和釋放內在恐懼、痛苦和疑惑的方法。一些有效、有名的藥材、方法、法門等，對我都只有短暫的效果。我當時萬念俱灰，於是準備要放棄自己已經殘缺無用的身軀，那時的我眼睛幾乎看不見、腳無法順利走路、長期的口角炎、心臟無力、長年的腹瀉、經年累月的失眠、身上還有許多腫瘤……我還看到我的禿頭、我的行動不便、我無助的內心，我問自己：我一生的努力、一生的積蓄，難道只是得到這樣的結果嗎？人走這麼一遭，就只是為了追求財富、名利，然後終老一生嗎？

我幾次想了結自己的生命，卻都沒有成功。之後，我轉而決定追尋生命的意義，開始問：

「為何我在地球上？」

「我的痛苦是來自哪裡？我要如何解脫？」

「為什麼有些人有這個痛苦，有些人沒有？」

「為什麼我生長在這個家庭，而其他人卻生長在比我更好，或更不好的家庭？」

「為什麼生下來每一個人都不一樣？為什麼如此的不公平？」

太多太多的為什麼，驅使我去尋找答案的本源。我相信一切的本源來自同一個造物者，那一切礦物、植物、動物、地球上的每一個人、外星球的存有都是來自造物者。但造物者又為什麼要創造這麼多的不幸、這麼多的痛苦、這麼多的悲劇呢？如果造物者是個充滿著愛、包容、快樂的神，為何你的子女要得到如此的懲罰呢？

我開始問祂，我要一切的真理來解釋我內心的疑問，否則你就不是好的神，我一步一步和造物者——就是《與神對話》的那一位神——開始對話。我一生的疑惑、抱怨、痛苦一一逐漸獲得理解，在我獲得充分理解，而釋放我過去自己執著的想法時，我開始變得快樂，我的疾病症狀也自然得到療癒，我開始高興、興奮的和他人分享我的經驗與智慧。

原來我們來到地球，是我們自己設定那不是愛的想法，這些想法會使我們「自卑」「自傲」「沒有感覺被愛」「不斷的討愛，而永不滿足」「害怕死亡」「仰賴他人」「仰賴神」「害怕表達內在的痛苦」「壓抑內心的想法」「放大自己和他人的缺點」「批判自己、批判他人」和「所有希望完美，而內心害怕不完美的恐懼」等。這些不是愛的想法，會吸引且創造不是愛的事件，而這些事件就成為了你的「命運」。當你開始想要改變想法時，命運也就會跟著改變。你可能一時無法完全改變到「利己利人」的「愛的想法」，你可以慢慢地調整，直到你和他人都能在快樂和愛的流動中，直到你能離開原來你不想要的命運，而創造了新的命運。

那為什麼我會設定這些不是愛的想法，來讓自己受苦呢？為什麼我不能只接受愛的想法呢？

假如一個人出生在富裕的家庭，那在這家庭裡成長的小孩就不易學會「節儉」「創造財富」或「了解貧窮人家小孩的情況」了；假如一個人生得非常美貌又十分有愛心，家庭環境也非常富裕，父母十分的恩愛，也非常寵愛她，那她就不易學會「如何從困境中找到自己力量」或「對父母感恩」；假如一個人從小既聰明又有自信，學什麼都十分簡單，那他就不易學會「什麼是挫折，如何在挫折中爬起來了」；假如一個從小身體就一直十分健康完美的人，那他就無法體會一位肢障人士的處境，也就不易學會憐憫和同情。

這一切不是愛的設定，最終不就是要成就我們的智慧嗎？所以看似痛苦的遭遇，卻是讓我們從中得到智慧的最好安排。

《與神對話》這套書揭露了我們在地球實驗場要如何面對我們「不是愛的想法」，也就是我們的「人生課題」，讓大家都能在地球實驗場輕鬆的學習、得到智慧，來完成我們生前設定的「人生藍圖」。希望大家和我一樣，一步一步從「不是愛」中走回愛的想法，活得健康、快樂、有意義；把所有不是愛的想法改變成愛的想法，快樂的在地球上分享智慧、分享愛。

有一句話我希望和大家一起分享，這句話在我許多「不是愛」的想法出現時，幫助我找回力量，那就是：「相信自己是神！相信自己是愛！相信所有人是神！相信所有人都是愛！那「不是愛的」是我們自己和他人學習的人生課題，不要去排斥，要去理解、去找到它背後神聖的意義，那就是我們來到地球的目的——得到智慧。」

《與神對話 I 》

第一部講述的是基本真理，主要討論個人的問題，集中焦點在個人的人生挑戰與機會上。

在這本書裡，神透過作者「直接的」和你一起討論你所有生命與生活中各個層面上的問題：

「人的一生到底是為了什麼？」
「我是否永遠也不會有足夠的錢？」
「我到底做過什麼事，活該要有如此不斷掙扎的一生？」
「如果真有萬能的神，這世界怎麼還會有這麼多的災難？」

相信每個人都曾經問過這類的問題，但是卻往往無解。現在，所有這些問題都將一一的得到回應了。在這些對話中，神還對這地球提出了有關社會的、教育的、政治的、經濟的和神學等各方面的革命性建議，是我們所未見過甚至極少想過的。這些對話，帶給我們洞見，也喚醒我們，讓我們重新點燃了新的生命欲望，對我們在此地球上的生活，產生更有效的推動和改革。

《與神對話I》內文摘錄（明體字是作者的話，楷體字是神的話。）

創造人生而非維持生活

你是不是說，我世俗的成功（在此我們試著談論我的事業）將決定於我選擇的「是」的狀態。

我並不關心你世俗的成功，只有你關心。

的確沒錯，當你很長的一段時間都處在某種存在狀態時，你在世上所做的事很難不成功。然而你不需要擔心「維持生活」（making a living），真正的大師們是那些選擇去創造人生，而非維持生活（make a life, rather than a living）的人。

從某種存在狀態你會躍出一個如此豐富、圓滿、宏偉，而且如此有益的人生，以致世俗的物品和世俗的成功將不再為你所關心了。

人生的諷刺是，一旦世俗的物品和世俗的成功不再為你所關心，它們流向你的路便打開了。

記住，你無法擁有你想要（want）的東西，但你可以經驗你有（have）的不論什麼東西。

我無法擁有我想要的東西？

不能。

在我們對話的初期，你說過這點。但，我仍然不了解。我以為你曾告訴過我，我可以有不論什麼我想要的東西。就像「如你所想，如你所信，就會給你成就」一類的話。

這兩個聲明彼此並無不一致之處。

真的嗎？對我來說，它們顯然像是不一致。

那是由於你缺乏了解。

哦，我承認我缺乏了解，那就是我為什麼跟你談話的原因。

那麼我會解釋。你無法擁有任何你要的東西。光是要某樣東西的行為本身，就將它推離你了，如我之前說過的。

嗯，你可能先前說過，但你讓我跟不上，太快了。

努力跟上來，我將更詳盡的再講一遍。試著跟上來，讓我們回到你的確了解的一點：思想是創造性的。好嗎？

好的。

語言是創造性的，懂嗎？

懂了。

行為是創造性的。思想、言語和行為是創造的三個層次。你跟上了嗎？

就在你身邊。

很好。現在讓我們暫且拿「世俗的成功」做我們的主題，既然那是你一直在講和問的事。

太好了。

現在，你有沒有「我想要（want）世俗的成功。」這個思想？

有時候有。

有時候你是否也有「我想要更多錢」的思想？

有的。

所以你既不能有世俗的成功，也不能有更多錢。

為什麼不能？

因為除了帶給你你所想的東西之直接顯現之外，宇宙別無選擇。

你的思想是「我想要世俗的成功」。但你了解，創造的力量就像個在瓶子裡的神仙。你的言語就是它的命令。你了解嗎？

那麼，為什麼我沒有更多的成功？

我說，你的言語是命令。現在你的言語是：「我想要成功。」而宇宙說：「好的，你是那樣。」

我仍然不確定我懂。

這樣想吧，「我」這個字是發動創造引擎的鑰匙，「我是」這話是極端有力的，那是對宇宙的聲明、命令。

現在，跟在「我」（它召來偉大的我是）字後面的不論什麼，往往會顯現在物質世界裡。

所以，「我」＋「想要（want）成功」產生出你缺乏（wanting）成功。「我」＋「想要錢」必然產生出你缺乏（wanting）錢。它無法產生其他東西，因為思想、語言是創造性的，行為也是，而如果你的行為說你想要成功和金錢，那麼，你的思想、言語和行為是一致的，而你一定會有這些「缺乏」的經驗。

※ ※ ※

在關係裡沒有義務，只有機會

當人類的愛情關係失敗（這完全是就人類的說法而言，實際上關係永遠不會真正失敗，只不過沒產生你所想要的結果），那是因為人們為了錯誤的理由進入關係。

大多數人進入關係時，著眼在他們能從中得到什麼，而非他們能給予什麼。

關係的目的是，決定你喜歡看到自己的哪個部分「顯出來」，而非你可以捕獲且保留別人的哪個部分。

就關係，甚至就整個人生而言，只能有一個目的：去做，而且去決定你真正是誰。

你說，你本來「一無是處」，直到有位特殊的人出現，這雖然很浪漫，但卻不是事實。更糟的是，這是將不可置信的壓力加在別人身上，要他做各種他本不是的一切。

為了不想「令你失望」，他非常努力的想做些什麼，直到再也做不下去了。他不再能完成你對他的期待，他不再能扮演好你派給他的角色，於是憎恨逐日累積，憤怒也隨之而至。

最後，他為了要救自己（以及那關係），這個「特殊的人」開始重新做回他真正的自己，較為按照他真正是誰去行動。差不多就在這時，你說他「真的變了」。
現在你說你的這位「特殊的人」已進入了你的人生，你覺得完整了，這非常浪漫。然而，關係的目的並不是有一個能令你完整的人；而是有一個你可以與他分享你的完整的人。
這就是所有人際關係的矛盾所在：你並不需要一個特定的人，來使你完全體驗你是誰，但是若沒有另一個人，你卻什麼也不是。
讓在關係裡的每個人都只擔心他自己——自己在做誰、做什麼和有什麼；自己在要什麼、要求什麼、給予什麼；自己在尋求、創造和經驗什麼，那麼，所有的關係都會綽綽有餘的滿足其目的，以及關係裡的參與者！
讓在關係裡的人別去擔心別人，卻只、只、只擔心自己。
最有愛心的人就是「自我中心」的人。
如果你無法愛你自己，你便無法愛別人。許多人犯了一個錯誤，他們經由愛別人來尋求對自己的愛。當然，他們並沒有覺悟到自己正這樣做，這並非一個有意識的努力。這是在心裡進行的，心的深處，在你們所謂的潛意識裡，他們想：「如果我能愛別人，他們也會愛我。那麼我將是可愛的，而我能愛我自己。」
這個概念的反面就是，許多人恨他們自己，因為他們覺得沒有人愛他們。這是一種病——這是人們真的害了「相思病」（love sick），因為真相是，別人的確愛他們，但那根本與你無關。不管多少人公然宣稱對他們的愛，都還不夠。

首先，他們不相信你。他們認為你試圖操縱他們——試圖得到什麼東西。（你怎麼可能愛他們真正的樣子？不成，一定有些錯誤。你一定想要什麼東西！那麼，你到底要什麼？）

他們鎮日無所事事，只試著理解怎麼有人可能真的愛他們。因為他們不相信你，於是開始從事一些活動，好讓你去證明。你必須證明你愛他們，而要做到這點，他們可能要你開始改變行為。

其次，如果他們終於得到一個結論：能夠相信你愛他們了，他們又會開始擔心能保有你的愛多久？所以，為了要抓住你的愛，他們開始改變他們的行為。

如此，兩個人都在關係中喪失了自己。他們進入這關係，希望找到自己，卻反而喪失了自己。

這種配對所導致的怨懟，多半是在關係中喪失了自己的緣故。

《與神對話 II》

第二部講述的是影響更深遠的真理，討論較為全球性的題目，如地球上的地緣政治學及形而上學，以及目前世界面對的挑戰。

第二部是覺醒的呼喚，是叫人走向另一層次的挑戰。在這裡，你可以肆無忌憚的和你一向以為遙不可及的「神」一起討論有關性的、教育的、社會的、政治的、經濟的，以及神學各方面的問題。

第二部會有比第一部更讓人不自在之處。然而人生總有新的山岳要爬，總有新的界域要探索，總有新的恐懼要克服，當然也總有更絢爛的處所。所以，當船開始晃動時，請緊緊抓住船舷，然後透過生命的奇妙，創造出自己更新的生活範型來吧！

《與神對話II》內文摘錄

性是一種能量交換

整個世界都隨時在交換能量。

你的能量推出來，觸及其他一切。一切物、一切人的能量都在觸及你。但現在，有趣的事發生了。在你和其他一切的半路上，這些能量相遇。

為了更生動的描述，讓我們想像在一個房間中有兩個人。他們各自遠在房間的一隅。我們稱他們為湯姆與瑪莉。

湯姆的能量以三百六十度的方向向宇宙中發射訊號。有些訊號擊中了瑪莉。

瑪莉也同時發射她自己的能量，其中有些擊中了湯姆。

但這些能量是以你們所未曾想像過的方式相遇。它們在湯姆與瑪莉之間的半途上相遇。

這些能量單元（記住，這些能量是物理現象；它們是可以被測量、被感覺到的）結合而形成了一個新的能量單元，我們稱之為「湯瑪莉」。它是湯姆與瑪莉能量的結合體。

湯姆與瑪莉很可以稱此能量為「我們的中間體」——因為它真的就是：它是兩者都與之相連的能量體，兩人都用持續不斷的能量在餵養它，而它又把能量送回給它的兩個施主——沿著一直存在於網絡中的管線（其實，這「管線」就是那網絡）。

這「湯瑪莉」的體驗是湯姆與瑪莉的真相。他們兩個都被此一神聖靈交（Holy Cammunion）所吸引。因為，透過管線，他們都感覺到那中間體，那結合者，那幸福的一體之崇高喜悅。

隔著遠距離的湯姆與瑪莉可以——以實質的方式——感覺到在那網絡中所發生的事。兩人都殷切的被此種經驗所吸引。他們想要走向對方！立刻！

此時，他們所受的「訓練」卻插手進來。世人曾訓練他們放慢腳步，不要相信感覺，要防範「傷害」，要收斂。

可是，那靈魂卻要結識「湯瑪莉」——立刻！

如果他們幸運，他們就會自由得足以揮開他們的恐懼，唯愛情是賴。

現在，他們已不可挽回的被他們的中間體所吸引了。在形而上的意義上，湯瑪莉已經被體驗了，現在湯姆與瑪莉要在實質上來體驗此一結合體。所以他們就靠得越來越近。並不是走向對方。這和一般粗心的觀察者所看到的並不一樣。他們是想要接近湯瑪莉。他們是想要接近那業已存在於他們之間的神聖合一體。那他們已經知道他們是一體之處，那成為一體究竟是什麼樣子的地方。

他們挪向他們在體驗中的這種「感覺」；而當他們越來越近，當他們「縮短線路」，他們兩個送給湯瑪莉的能量所經過的距離就越短，因之越來越濃。

他們離得更近了。距離越短，濃度越高。他們移得更近。濃度又更高。

現在，他們只一步之隔。他們的中間體熾熱起來，以驚人的速度震動。湯瑪莉所收所發的「接觸」都更濃、更廣、更亮，以不可置信的能量在燃燒。他們兩個被人稱作「欲火中燒」。那是真的！

他們挪得越來越近。

現在，他們相融了。

騷動幾乎是無法忍受的。奇妙難耐。在他們相觸的那一剎那，他們感受到湯瑪莉所有的能量——他們那合成存在濃縮的、密集的、合而為一的全部質量。

如果你將你的感受力開放到最大的限度，當你們相融時，這種微妙的能量讓你打顫——有時候這種「打顫」會通過你全身——有時則會在你們接觸的地方發熱——有時則此熱突然傳遍你全身——但主要是深藏在你們的小腹——丹田，這乃是能量的中心。

在那裡，這能量「燃燒」得特別濃烈——而湯姆與瑪莉現在可以說是「為君沸騰」！

現在，兩人擁抱了，他們更進一步的縮短了距離，使得湯姆、瑪莉與湯瑪莉幾乎重疊到同一個位置。湯姆與瑪莉可以感覺到湯瑪莉在他們中間——而他們想要更為接近——名副其實的要跟湯瑪莉融而為一。在實質上成為湯瑪莉。

我在雌雄的身體上創造了可以做如此融合的管道。在此刻，湯姆與瑪莉的身體已準備就緒。現在，湯姆的身體已名副其實的準備好要進入瑪莉的體內。瑪莉的身體已名副其實的準備好要接受湯姆進入她的體內。

那顫抖，那燃燒，現在已不止於濃烈了。它是無可描述的。兩個身體結合在一起。湯姆、瑪莉與湯瑪莉合而為一。肉身結合。

能量仍舊在他們之間流動，急切的，熱烈的。

他們喘息，他們翻騰。他們要對方要得不夠，他們離對方不夠近。他們力圖更為接近，接近，更接近。

他們爆炸了——名副其實的——他們整個身體痙攣。那震動一直將漣漪送到他們的指尖。在他們的融合爆炸中，他們領略了什麼是神與女神，什麼是最始與最終，什麼是全有與全無——生命之本質——親身體驗到那本然（That Which Is）。

也有實質的化學變化發生，兩個人真的變成了一個——一個第三單元往往由這兩者創造出來，成為實質的存在。

一個實質的湯瑪莉被創造出來，他們的肉中肉，他們的血中血。

他們名副其實的創造出生命！

我不是說過你們是神嗎？

你們在想要看到美的地方看到美。你們在懼怕看到美的地方看到醜。

讓人驚奇的是，有那麼多人在我剛剛說的事情上看到醜。

《與神對話 III》

第三部講述的是人類目前所能理解的最大的真理，討論最高階的宇宙性真理，以及靈魂的挑戰和機會。

第三部涵蓋的題材非常的廣博精深，從人與人的關係說到宇宙的結構、生與死、婚姻與性、精神與宗教、工作與志業、罪與罰，甚至教育、經濟、政治、社會，以及如何將我們的神性表彰出來。

當然，你並不須完全同意第三部中的每個意念，就像你不要把任何的精神資訊，視為不折不扣的真理。因為《與神對話》裡最重要的一個關鍵就是：我們每一個人都可以有我們自己的「與神對話」，跟自己的內在智慧接觸，找到我們自己內在的真理。這就是自由之所在。這就是機會之所在。這就是生命最終目的之所在。

《與神對話III》內文摘錄

你們正在創造神

你們一輩子都聽人說神創造了你們。現在，我告訴你們：你們正在創造神。

我知道，這跟你們原先的想法正好顛倒。因此你們必須重組你們的領會。但是，如果你們想去做你們投生為人的真正工作，這重組就所在必須。

這是我們——你們與我——正在做的神聖工作。是我們走在上面的聖地。

這就是那道路。

時時刻刻，神在你們之內，以你們之身，並透過你們表現他自己。你們永遠都在選擇此時此刻如何將神創造，而她則永遠不會剝奪你們的選擇權，也永遠不會因為你們選擇「錯」了而懲罰你們。然而，在這些事情上，你們並非沒有指引，也永遠不會沒有。你們內在設有指引系統，向你們指明回家的路。這聲音一直告訴你最高的選擇是什麼，將你最恢宏的意象置於你的眼前。你所需要做的只是諦聽這聲音，不拋棄這意象。

在你們整個的歷史中，我一直派遣老師給你們。每一天每一刻，我都派遣使者為你們帶來盛大的喜訊。

神聖的經典曾寫出來過，神聖的生活由人實踐過，以便你們得以認知這一個真理：你們與我是一個。

現在，我再把經典送給你們——就是你執在手上的這一部。現在，我再派使者給你們，為將神的言詞（the word of God，神的道）帶給你們。

你們會聽這言詞嗎？你們會聽這些使者的話嗎？你們會成為使者嗎？

這是那「大哉問」。這是那至尊的邀請。這是那最輝煌奪目的決定。整個世界都在等待你們的聲明。而你們則要用你們的生活來聲明：以身行道。

除非你自己把自己提升到你最高的理念之處，否則人類就沒有機會脫離它最低的意念。

那最高的理念透過你，以你的身表達出來，便創造了模型，建立了舞台，成為了榜樣，好讓人類的經驗走向更高一個層次。

你是生命與道路。世界將跟隨你。這件事由不得你選擇。這是唯一你不能有自由選擇的事。它就是那樣。你對你自己的理念如何，世界將跟隨。一向如此，永遠如此。你對你自己的意念在先，外在世界的物象表現隨之。

你想什麼就創造什麼。你創造什麼，你就成為什麼。你成為什麼，你就表現什麼。你表現什麼，你就經驗什麼。你經驗什麼，你就是什麼。你是什麼，你就想什麼。

循環於是完成。

你所從事的神聖工作才剛開始。因為，現在你終於了解你在做什麼。是你自己使自己知道了這個，是你自己使自己關心這個。而你現在真的比以前更關心你真正是誰了。因為，現在你終於看到了整個畫面。

你是——我。

你在定義神。

我將你——我至福的一部分——送入軀體中，以便我可以由經驗認識我自己，而這一切，本是我由概念已全然認識的。生命是工具，使神得以將概念轉化為經驗。生命也是你的工具，可以讓你做同樣的事。因為你是神，做著這件事。

我選擇每一分鐘重新創造我自己。我選擇去體驗關於我是誰所曾有過的最偉大意象之最恢宏版本。我創造了你，以便你可以再創造我。這是我們的神聖工作，這是我們最大的喜悅，這是我們存在的真正理由。

與神為友 譯者：王季慶／定價：480元

- 繼《與神對話》三部曲之後，一本讓你更能掌握人生的好書！
- 與神為友七步驟：認識神、信任神、愛神、擁抱神、利用神、幫助神、感謝神
- 與神為友，即與你自己為友，也與一切萬物為友。因為神說，天地萬物沒有不是神的。

神和你對話，還向你伸出友誼之手，你願意接受嗎？
神說他的愛是沒有條件的，他只想幫助你更愛自己、更愛別人、更愛世界，將你給回你自己，你願意嘗試嗎？

作者尼爾在書中，再次透過和神之間風趣且具深意的對話，傳達出與神為友的感覺，並以他個人的親身經歷，經由從《與神對話》中得到的智慧，使其成為實際可行的、貨真價實的真理，這就是與神為友的意義。
所以，也許你從沒認識神真正的樣子，現在你可以了。也許你從沒信任神如你希望你能的樣子，現在你可以了。
也許你從沒愛神如你想要的樣子，現在你可以了。
也許你從沒很親近的擁抱神，讓神成為你生活經驗中一個非常真實的部分，現在你也可以了。

與神合一 譯者：王季慶／定價：280元

- 揭示人類的10大幻覺，提供3個終極真理
- 找到安定自身的力量，改變周遭的能量，保持應有的信心！

本書內容明白的告訴我們如何打破一般人常會自我設限的人生桎梏。
在這個大家幾乎各有論見卻又不知何從的社會，這本書無疑可說是一本最適合現代人讀的寶典，因為不論你是：

・對國家的混亂政局，對全球的經濟蕭條，對頻傳的不安寧自然現象感到迷惑， 想知道活在這個世界上人的意義何在……
・自己面臨了人生的困境，苦於找尋一個新的安身立命的出發點……
・或你很滿意於你的現況，並不希望做什麼大改變，只要保持下去……
在這本書中，你都可以找到答案。

看完這本書，你的人生「一定」會如你所想的改變！
與神對話精采濃縮之繪本・讓大小朋友們憶起「你真正是誰」！

小靈魂與太陽 譯者：劉美欽／定價：129元

- 了解生命源頭的秘密
- 讓大小朋友都更能認識真正的自己，並明瞭自己是多麼重要的人

在靈界中，有一個小靈魂。這個小靈魂知道自己是光，是無數組成全宇宙的光的一部份。但是，小靈魂想體驗成為光的感覺。於是，上帝說話了：如果小靈魂想知道光，那麼，他一定也要知道黑暗。因為，一個人不知道下的話，如何能夠知道上，不知道冷的話，如何知道熱，不知道慢的話，如何知道快呢？然後，小靈魂了解到，要知道它真正是誰的話，就一定要先知道與它相反的東西。「這是一個偉大的禮物，」上帝說：「因為不知道它，你就不能知道所有的東西像是什麼。」

所以，小靈魂開始進行一項冒險，而或許，它非常像是我們每個人在這個叫做地球的星球上所共有的冒險。

延伸閱讀：
尼爾．唐納．沃許相關作品

小靈魂與地球 譯者：林淑娟／定價：220元

- 一本激發孩子對生活的想像與期待的書
- 一本喚起大人重溫生命的本質與美好的心靈繪本

很久很久以前，小靈魂準備出生到地球上來，他問神：「要是事情不順利呢？要是我把事情搞砸了呢？祢還會陪著我嗎？或是祢會生氣地走開？」神微笑著回答：「我為什麼要生你的氣？只因為你做錯事情嗎？每個人都會做錯事情啊！」

神告訴小靈魂，地球是個天堂，小靈魂說，「我準備好要去了。一定會很好玩！」初抵地球的小靈魂，對所有的事情都好奇：我要如何得到更多愛？我該如何把愛送出去？什麼叫「原諒」……

這趟地球之旅中，小靈魂將用他的身體實際探索地球上所有神奇的事物。

延伸閱讀：
尼爾・唐納・沃許相關作品

明日之神 譯者：王季慶／定價：450元

- 新時代教母王季慶說：「雖然作者尼爾說不能把這本書當成《聖經》，但我還是會把它當成我生活必備的《聖經》。」
- 迎向未來，不可不讀的一部經典。從個人如何實修、將來的文明會如何發展，到新地球的樣貌，篇篇震撼人心。

繼《與神對話》三部曲後，尼爾不僅在本書中濃縮其精義，並且進一步討論許多爭議性的話題，如：同性戀能否結婚、沉緬於性事的人是否能開悟、非營利事業能否廣闢財源、上學能否讓孩子更加懂事……透過尼爾與神的對話，無論是在關於社會、教育、政治、經濟和神學等各方面，都有革命性的建議與論點，是一般坊間書上所未曾見過。

本書深刻挑戰你我對神的舊信念，因為，如果我們不去檢視這些舊信念，不久的將來，這些舊信念將逼使我們面對這動盪不安的地球。書中循序漸進的指引，將提昇我們對神的定義、了解我們是誰，並重新體驗生命的實相。為自己找尋一個新的安身立命的出發點，我們需要一個全新的神——明日之神。

延伸閱讀：
尼爾・唐納・沃許相關作品

生命的空白頁 譯者：周和君／定價：240元

- 《與神對話》系列思想總結
- 當代最重要的靈性聲明
- 閱讀本書足以修剪生命中的荒蕪，在心靈空白頁處，譜出自己的生命之歌。

你有多久沒閱讀無法置信的書？在這本薄薄的書中，你將會反覆體驗這樣的感受。你最關心的是你的生活？你的工作？你的婚姻？你的人際關係？你的健康？還是你的國家？世界大勢？國際政治？或是人類面臨的全球性挑戰？這本書所談的，其實跟這一切都有關聯。因為這本書帶來的訊息，可能改變這一切。

「改變」可能是件危險的事，但近年來天災不斷無預警發生，使我們心生憂慮；國際爭奪戰絲毫不減，令我們頭昏腦脹；媒體的刀光劍影整日上演，讓我們心靈空虛。我們有辦法在這團混亂中抽身嗎？人類對於目前的處境，到底願意做些什麼改變呢？還是我們只希望，瑟縮在自己的安樂窩裡，期待有雙值得依賴的手，為我們抹去心中的恐懼與疑慮呢？

凡是對生命做出不一樣選擇的人，就是創造出不同世界的人。

改變這件事比你想像中容易，衝擊力也比你想像來的大， 你是準備好（all ready）迎接這訊息，還是你已經（already）知道這訊息了？

歡迎進入《生命的空白頁》，接受心靈震撼教育！

比神更快樂 譯者：謝明憲／定價：280元

- 吸引力法則外，有一個更大的生命法則，你不可不知！
- 很多人成功的運用《秘密》，創造了自己想要的人生；卻也有人始終不得其門而入，本書給你關鍵的真相和鑰匙。
- 繼震驚世界的《與神對話》三部曲後，尼爾最受讀者推崇的一本書！

讓平庸的生活變成不凡的生命體驗！
因《與神對話》三部曲而享譽全球的暢銷作家尼爾認為，在《秘密》一書所提的吸引力法則背後，有一個更大的生命法則，他稱之為「個人創造法」。
有效的運用這個法則，除了能帶給我們更多的財富、更大的房子、新車和更亮麗的珠寶外，最重要的是，它能給自己和所有你接觸到的人，創造一個幸福、平靜和喜悅的生命。

不論是吸引力法則，還是個人創造法，想要有效的運用，都必需先了解其真相，以及實踐步驟。本書將帶你一步步邁向比神更快樂的境界。

《與神對話》系列的實用手冊！

荷光者 譯者：王季慶／定價：150元

- 成為荷光者的5大步驟和5大原則

曾經，我們以為人生是「有」意義的，而我們的任務就是去找到它、揭開它、學習它，甚而去實踐遵行。而現在，本書將顛覆既有的觀念，為你帶來一個震驚且撼動人心的訊息。

《與神對話》系列的實用手冊！

再創造自己 譯者：王季慶／定價：160元

- 只要7大步驟和4大原則，就能再創造你自己！

本書將幫我們找到關於自己的新想法、新經驗以及新的實相，我們將不只衝擊到自己，還會衝擊到別人……透過書中循序漸進的指引，使我們重新體驗人生真諦。

與神對話青春版 譯者：王季慶／定價：320元

- 第一本從神的觀點與年輕人對話的書。
- 這是你與神對話、與自己對話的最佳入門書。

本書有來自全世界各地年輕人的問題，尼爾在他人生最低潮時，因與神對話，沒想到竟得到了回答，也因此改變了他整個人生。這本書是他繼一系列的《與神對話》暢銷書後，針對年輕人最關心的問題而寫的最新精采力作。

這些對話簡單、明晰，直搗問題核心，將挑戰你對神、金錢、性、愛，以及所有一切你曾經被教導的事之信念。

如果你曾經想知道神是否會傾聽你說話，神是否會幫助你，神是否在乎你，是否真有神的存在，以及你所有的問題是否會有答案，那麼這本書正是你所需要的。

你將發現這本書並不僅是作者的與神對話而已，而是你自己的對話，現在正是你開始對話的最佳時刻。

延伸閱讀：
尼爾·唐納·沃許相關作品

在《與神對話》系列中，聚焦於「關係」「豐足」「健康生活」的3本小冊子

分享關係 譯者：翔翎／定價：150元

如何改善「關係」、如何維持一段「關係」及其對於人生的目的何在。本書提供給你在「關係」上更具體的學習與改進方法，引領讀者進一步了解「關係」存在之必要性，而開始學習擁有美滿的關係。

創造豐足 譯者：翔翎／定價：150元

我們往往用盡一生的氣力追求豐足的生活，但這一條路卻愈形漫長，於是我們渴望著一條捷徑來滿足我們所欲求的。事實上，創造豐足就由當下這一刻的分享開始。作者在書中談論，豐足的真正自然原貌究竟為何？並且將其簡易而實用的生活哲學應用到我們的日常生活之中，去創造我們所渴盼的豐足生活，並作為一種「真實的自我」的表彰。

延伸閱讀：
尼爾・唐納・沃許相關作品

體驗全相 譯者：翔翎／定價：150元

在尋求自我的旅途中，了解自己是宇宙中的一部分，於是發現了自己的完整，開始體驗全相生活。何謂一個完整的——也是神聖的——生活？而且如何天天過這樣的生活？作者認為全相生活意謂著要去覺知自己是這整個體系、整個想法、整個現實世界的一部分；而我們的思想、言語和行為同時影響了現實世界。在書中，作者談論著整合內在和外在自我的方法，並且引領讀者了解全相生活的原貌。

延伸閱讀：
尼爾·唐納·沃許相關作品

與神對話問答錄 譯者：孟祥森／定價：420元

我是誰？
要怎樣才能跟神說上話？
如果我想發財，應該怎麼做？
人活著的目的是什麼？
努力與命運有什麼關連？
幸福的生活是創造出來的，還是早就注定的？
個人要如何成長，才能改變集體思維？
我如何能影響世界？

對於人生，人人有問題。對於這些問題，也人人有答案。但並非人人都知道原來如此。
我提出了一大堆問題。也終於得到了回答。這些回答編成了《與神對話》三部曲。它們引出了更多的問題，不僅出自我，也出自許多讀者……

這本書是作者從全球各地讀者每週約三百封來信中，所選錄出最有意思和值得深思的問與答。
這本書裡並沒有「神」的現身坐陣，而是作者就自己與神對話時領悟的人生智慧，回覆一些真實的人對真實人生提出的真實問題。但正如作者所說的，「我並不希望各位讀者以為在本書中尋得的答案，一定比你自己心中的答案更權威。因為這本書的最大價值是在開啟你自己的真理之門。這是本書的意圖。它是一面鏡子。是一條小徑，卻通往你自己的最高真理」。